Franz Aurnhamer

Deutscher Liederkranz

Eine Sammlung mehrstimmiger Lieder mit Original-Compositionen

Franz Aurnhamer

Deutscher Liederkranz

Eine Sammlung mehrstimmiger Lieder mit Original-Compositionen

ISBN/EAN: 9783743608870

Hergestellt in Europa, USA, Kanada, Australien, Japan

Cover: Foto ©Thomas Meinert / pixelio.de

Weitere Bücher finden Sie auf **www.hansebooks.com**

Nehmt hin, Ihr deutsche Eichen
Den Kranz mit Blumen fein und zart!
Er ist gewebt vom Holz dem weichen,
Verwandt mit Euch und gleicher Art.

Dring' bis zum Eichen-Marke,
Von Ast zu Ast, von Blatt zu Blatt,
Damit der Wald erstarke,
Und immer grüne Blätter hat.

Mit Fleiß ist er gewunden,
Bescheiden sehr sein Preis gestellt;
D'rum Eichen — bleibt verbunden,
Und holt den Kranz recht oft bestellt.

Der Verfasser.

A. Zweistimmige Lieder.

1. An die Jugend.

2. Glaube, Hoffnung und Liebe.

Kräftig.

1. Was rettet aus des LebensStürmen, wenn schwarz sich Wetter-
2. Was gibt dir Trost in trüben Zei=ten, was stärkt dich, daß in
3. Was gibt in dei=nem frommen Streben nach ei=nem rei=nen

1. wol=ken thür=men und Fin=ster=niß dich rings um=flicht? Es
2. her=ben Lei=den du un=ver=zagt ver=traust dem Herrn? Es
3. gu=ten Le=ben zu ho=her That dir Kraft und Muth? Es

1. ist des Glau=bens hel=les Licht!
2. ist der Hoff=nung lich=ter Stern!
3. ist der Lie=be Flam=men=gluth!

3. Frühlingslust.

Munter.   v. Baluff.

1. Drau=ßen, wel=che Won=ne, wel=che Wun=der=pracht,
2. Wie die Saa=ten wo=gen, wenn ein lei=ser Hauch,
3. Wie die Bie=nen ir=ren, durch den ro=then Klee,

1. wie die lie=be Son=ne warm her=nie=der lacht. La la la la
2. brü=ber hin=ge = zo=gen, Herz=chen wogt mir auch. La — — —
3. wie die Kä=fer schwirren, wo ich geh' und steh'. La — — —

1. la la la la la la la la la la la la la la
2. la — — — — — — — — — — — — — —
3. la — — — — — — — — — — — — — —

1. la la la la la la la la la.
2. la — — — — — — — —
3. la — — — — — — — —

4. Droben in den Lüften
Froh Gewimmel nur,
In der Erde Grüften
Auch der Freude Spur. La 2c.

5. Und aus fernen Weiten
Schaut in stiller Ruh'
All' den Seligkeiten
Gott der Vater zu. La 2c.

4. Sehnsucht nach dem Frühling.

Munter.

1. Komm', lie=ber Mai, und ma = che die Bäu=me wie=der
2. Komm', mach' es bald ge = lin=der, daß Al = les wie=der

1. nim-mer ru-hen kann!
2. läßt sein klei-nes Haus.
3. Blu-men-rei-chen Ort.
4. selbst in's frü-he Grab.

5. D'rum zur Arbeit, junges Blut,   Sieh das kleine Bienchen an,
   Heute lebst du — nicht geruht.   Wie es nimmer ruhen kann.

6. Der Käfer.

Lebhaft, doch nicht zu schnell.

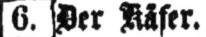

1. Ein klei-ner Kä-fer schwirr-te ver-gnügt um's Bäumchen
2. Er fing das ar-me Thier-chen und packt's bei sei-nem
3. Er spot-tet sei-ner Wun-den, er freut sich sei-ner
4. Du bö-ser Mensch, was ha-ben die Kä-fer dir ge-

1. her,   al-lein im Gar-ten irr-te, al-lein im Gar-ten
2. Bein,   und bin-det's an ein Schnür-chen, und bin-det's an ein
3. Noth;   doch ach in we-nig Stun-den, doch ach in we-nig
4. than?   Ach aus dem bö-sen Bu-ben, ach aus dem bö-sen

1. irr-te ein bö-ser, ein bö-ser, ein bö-ser Bub' um-her.
2. Schnürchen das ar-me, das ar-me, das ar-me Kä-fer-lein.
3. Stun-den, da war, — da war, — da war das Thierlein todt.
4. Bu-ben ward bald, — ward bald, — ward bald ein bö-ser Mann.

7. Der Weg zur Schule.

Leicht.   v. Balluff.

1. Im Win-ter, wenn es frie-ret, im Win-ter, wenn es schneit, bann
2. Und wenn der Ku-kuk ru-fet, bann ist der Früh-ling ba, bann
3. Wer a-ber ger-ne ler-net, bem ist kein Weg zu fern; im

1. ist der Weg zur Schu-le für-wahr noch-mal so weit.
2. ist der Weg zur Schu-le für-wahr noch-mal so nah.
3. Frühling und im Win-ter geh' ich zur Schu-le gern!

8. Die guten Eltern.

Mäßig schnell.

1. O wie freu' ich mich der Ga-be, baß ich gu-te El-tern
2. Die mich klei-ben unb er-näh-ren, mich bas Bö-se mei-ben

1. ha-be, die für mich vom frü-hen Mor-gen bis zum
2. leh-ren, mich in al-len mei-nen Pflich-ten lieb-reich

1. spä = ten A = benb for = gen.
2. laf = fen un = ter = rich = ten.

9. Am Abend.

Andächtig.

1. Lie = ber Gott wir dan = ken dir! Haft auch
2. Blei = be bei uns in ber Nacht, der bu
3. Laß uns, bricht der Mor = gen an, mit ben

1. die = fen Tag das Le = ben, haft viel Gu = tes uns ge =
2. wa = chest, wenn wir schla = fen, wie der Hir = te bei ben
3. El = tern froh er = wa = chen, und bann hilf uns bef = fer

1. ge = ben, bei = ne Kin = der ban = ken dir, bei = ne
2. Scha=fen, wenn sie ru = hen, treu = lich wacht, wenn sie
3. ma = chen, was wir noch nicht recht ge = than, was wir

1. Kin = der dan = ken dir!
2. ru = hen, treu = lich wacht!
3. noch nicht recht ge = than!

10.) Freude an der Natur.

Langsam.   Volksweise.

1. Im Wal = de möcht' ich le = ben, im schö = nen grü = nen Wald, wo
2. Auf Flu = ren möcht' ich le = ben, auf heit' = rer Got=tes = flur, wo
3. Im Was = ser möcht' ich le = ben, in kla = rer Was=ser = fluth, wo
5. Im Him=mel möcht' ich le = ben, im Him=mel licht und blau, wo

1. Hirsch und Reh durch Bü = sche schlüpft und Vög=lein auf den
2. üp = pig wogt das Saa = ten = meer und Blu=men=duft zieht
3. sich die lie = be Son = ne kühlt und mit den flin = ken
4. Tags die heit' = re Son = ne lacht, und tau = senb Sternlein

1. Zwei=gen hüpft, auf Zwei = gen hüpft, auf Zwei = gen hüpft und
2. brü = ber her, zieht brü = ber her, zieht brü = ber her, stets
3. Fisch=lein spielt, mit Fisch=lein spielt, mit Fisch=lein spielt, der
4. hal = ten Wacht, ja hal = ten Wacht, ja hal = ten Wacht, wenn's

1. lust'=ger Sang er=schallt.
2. Sonntag hält Na = tur.
3. gan = ze Him=mel ruht.
4. bun=kelt auf der Au.

5. Doch weil ich nicht kann leben stets dort nur oder hier,
So will ich bald in Flur und Wald, in kühlen Fluthen wohnen bald,
Ja wohnen bald, ja wohnen bald, den Himmel über mir.

11. Mein ist der Herr.

Mäßig.

1. Willst du ein froh Gemüth, sing' oft das schö = ne Lied:
2. Dank dir, in Kreuz und Leid, hab' ich noch ei = ne Freud':
3. Zieh = en aus mei = nem Ort, mei = ne Be = kann = ten fort:

1. Mein ist der Herr! Was will ich mehr?
2. Mein ist der Herr! Was will ich mehr?
3. Mein ist der Herr! Was will ich mehr?

4. Sterben die Freunde mir, bleib' ich verlassen hier: Mein ist der Herr! Was will ich mehr?
5. Wenn es mir übel geht, weil mich die Welt verschmäht: Mein ist der Herr! Was will ich mehr?
6. Bin ich auch matt und krank, sing' ich auch da mit Dank: Mein ist der Herr! Was will ich mehr?
7. Wenn mir des Feindes Wuth, Uebels und Arges thut: Mein ist der Herr! Was will ich mehr?
8. Wenn mir des Feuers Gluth, raubt all' mein Hab und Gut: Mein ist der Herr! Was will ich mehr?
9. Kurz, was es immer sei, bleib' ich dem Liebe treu: Mein ist der Herr! Was will ich mehr?
10. Und selbst im Tode noch, hält mich das Eine noch: Mein ist der Herr! Brauch' sonst nichts mehr.

12. Reiter's Morgenlied.

1. Mor-gen - roth, Mor-gen - roth, leuch-test mir zum früh-en
2. Kaum ge - dacht, kaum ge - dacht, wird der Lust ein End' ge-
3. Ach, wie bald, ach, wie bald, schwindet Schönheit und Ge-

1. Tod. Bald wird die Trom-pe - te bla - sen,
2. macht! Ge - stern noch auf stol - zen Ros - sen,
3. stalt! Prahlst du gleich mit dei - nen Wan - gen,

1. dann muß ich mein Le - ben las - sen, ich und man-cher Ka - me-
2. heu - te durch die Brust ge - schos - sen, Mor-gen in das küh - le
3. die wie Milch und Pur-pur pran-gen, auch die Ro - sen wel - ken

1. rad.
2. Grab.
3. bald.

4. Und was ist, und was ist
   Aller Männer Freud' und Lüst',
   Unter Kummer unter Sorgen
   Sich bemühen früh am Morgen,
   Bis der Tag vorüber ist.

5. Darum still, darum still!
   Füg' ich mich wie Gott es will!
   Und so will ich wacker streiten,
   Und sollt' ich den Tod erleiden,
   Stirbt ein braver Reitersmann.

13. Der gute Kamerad.

14. Der Alpsee bei Hohenschwangau.

Gemäßigt. **Volksweise.**

1. In der Berge tiefe Klüfte liegt a See; auf be

Berg' hoch in be Lüfte glänzt da Schnee. Auf be Welle tanzt a

Schiffle, sanf. gewieget von be Lüfte; ach, da ist's ein'm halt so

wohl, und ist ein'm 's Herz halt so voll! 's Herz so voll!

2. Schaut a Schloß zu ei'm hernieder
Aus be Bäum';
Unn im See da zeigt sich's wieder
Spiegelrein.
Aus dem Schloß dort froh hernieder
Lauscht der Herr auf eure Lieder,
's g'fällt ihm alles gar so wohl.
Und ist ihm 's Herz halt so voll.

3. Aus des See's grüner Woge
Altersgrau
Steigt der Sailing auf zum Boge
Himmelblau.
Könnt' er schwätze, könnt' er sage
Von be längst vergang'ne Tage,
Doch er schweigt mir au gar wohl,
Ja 's ist ihm 's Herz halt so voll.

4. Und a Waidmann, froh u. bieber,
   Wohlbekannt,
   Schickt a Büchsenknall hinüber
   An die Wand.
   Und da gibt's a Wiederhalle,
   Ob der Berg wött z'sammefalle,
   Und dem Waidmann ist's so wohl
   Und ist ihm 's Herz halt so voll.

5. An euch All', die ihr dort hauset,
   Schöne Grüß;
   's thut mir leid, daß ich von euch jetzt
   Fern sein muß.
   Doch wenn ich die Freud' mir schenke
   Und an euch recht herzlich denke,
   Wird mir's halt so froh und wohl
   Und wird mir's Herz halt so voll.

15. Abschied.

1. So leb' denn wohl, du stil-les Haus, wir zieh'n be-
2. So leb' denn wohl, du schö-nes Laub, in dem ich

1. trübt von dir hin-aus; wir zieh'n be-trübt und trau-rig
2. ho-he Freu-den fand; Du zogst mich groß, du pflegtest

1. fort, noch un-be-stimmt, an wel-chen Ort.
2. mein, und nim-mer-mehr ver-geß' ich dein.

3. Auch du leb' wohl, mein trauter Freund,
   Und wenn die Sonne nicht mehr scheint,
   So denk' ich oft an dich zurück,
   Denn du warst stets mein größtes Glück.

4. Und kehr' ich einst zurück zu dir,
So wahre deine Liebe mir;
Denn deine Liebe macht mich reich,
Sonst gilt mir alles, alles gleich.

16. Auf die Berge.

Kräftig und lebhaft.

1. Auf die Ber-ge möcht' ich hin, mit den fro-hen Ler-chen
2. Ue-ber Wol-ken möcht' ich steh'n, ü-ber Län-der möcht' ich

1. ziehn! Mu-thig ü-ber Fels und Kluft in die fri-sche frei-e
2. seh'n! Un-ge-trüb-tes Le-bens-glück lä-chelt dort dem freien

1. Luft! Auf die Ber-ge möcht' ich hin, auf die Ber-ge möcht' ich hin!
2. Blick! Auf 2c. —

3. Droben nur erstarkt der Geist,
Der sich von den Fesseln reißt!
Unten in des Thales Haft
Schwindet ihm die freie Kraft.
Auf 2c.

4. Juble laut, mein frohes Herz!
Schwing' dich selig himmelwärts!
Senk' dein Weh in tiefsten See!
Bergeshöh' ist Himmelsnäh'!
Auf 2c.

Dir ge=hört Wald und Flur, wah=re die Freu=de nur,

hell aus der vol=len Brust tö=ne dein Lied!

2. Tief in der Wälder Grün labet die Ruh';
Rehlein wird selber kühn, horchet dir zu.
Grüßend am Quellenrand halten dir Böglein Stand,
Tragen mit hellem Klang weiter dein Lied!

3. Auch in der dunklen Nacht Sterne dir glühn,
Und ob der Sonne Pracht Wolken verziehn!
Ist dein Herz treu und gut, Bursche sei wohlgemuth!
Fällt auch der Himmel ein, Lerchen sind frei!

20. Der kleine Rekrut.

1. Wer will un=ter die Sol=da=ten, der muß

ha=ben ein Ge=wehr, der muß ha=ben ein Ge=wehr, das muß

er mit Pul=ver la=ben und mit ei=ner Ku=gel schwer, Kugel

schwer. Büb=lein wirst du ein Re=krut, merk' dir die=ses Lieb=chen

gut, hopp, hopp, hopp, hopp, hopp, hopp, Pferdchen lauf, lauf Ga=

lopp! Büb=lein wirst du ein Re=krut, merk' dir die=ses Lieb=chen

gut, Pferdchen, mun=ter, im=mer mun=ter, lauf Ga=lopp, hopp, hopp

hopp, hopp, hopp, hopp, lauf Ga=lopp, lauf Ga=lopp!

2. Der muß an der linken Seiten
:,: Einen scharfen Sabel hab'n, :,:
Daß er, wenn die Feinde streiten,
Schießen und auch fechten kann.
    Büblein ꝛc.

3. Einen Gaul zum Galoppiren,
:,: Und von Silber einen Sporn :,:
Zaum und Zügel zum Regieren,
Wenn er Sprünge macht im Zorn.
    Büblein ꝛc.

4. Einen Schnurrbart an der Nasen,
:,: Auf dem Kopfe einen Helm, :,:
Sonst, wenn die Trompeten blasen,
Ist er nur ein armer Schelm.
    Büblein ꝛc.

5. Doch vor allem muß Kurasche
:,: Haben jeder, jeder Held; :,:
Sonst ereilt ihn die Blamasche,
Zieht er ohne sie in's Feld.
    Büblein ꝛc.

24. Lebenslust.

Mäßig.   *Volksweise.*

1. Sie flieh=en schnell die Stunden, der Ju=gend Freu=de
2. Die Lust, die uns durch=drin=get, floß uns vom Schö=pfer
3. Bleibt fern ihr ern=sten Sor=gen, o na=het, na=het

1. flieht: der Kranz in's Haar ge=wun=den, der ist gar bald ver=
2. zu, b'rum laßt uns nicht ver=träu=men den Lenz in trä=ger
3. nicht! Du Ju=gend, Le=bens=mor=gen, wie lieb=lich glänzt dein

1. blüht. Der Klang der froh=sten Lie=der ver=hallt im Au=gen=
2. Ruh! Der Gu=te in dem Him=mel sieht uns=re Freu=den
3. Licht! Ent=flieht einst von der Mü=he des Le=bens mei=ne

1. blick; was welk=te blüht nicht wie=der, was war kommt nicht zu=rück.
2. gern, wenn wir beim Sang ihn lo=ben den gro=ßen, gu=ten Herrn.
3. Lust: dein Fried', o Jugend, flieh=e doch nie aus mei=ner Brust.

22. Heimweh.

Langsam.   v. Turnhammer.

1. Hier steh' ich ver=las=sen, von Nie=mand ge=kannt; wo

bist du mein lie=bes, mein hei=math=lich Land, wo bist du mein

lie=bes mein hei=math=lich Land!

2. Nur's Vöglein, das eilend die Länder durchzieht,
:,: Das singt mir vom Baume ein heimathlich Lied. :,:

3. Da wird's mir so traulich, so wonnig um's Herz,
:,: Und klagend ergießt sich im Liede mein Schmerz. :,:

4. Ich denk' an dich, Heimath, väterlich Haus,
:,: Von wo all' mein Leben, mein Lieben geht aus. :,:

5. Wo meine Gedanken sich träumend ergeh'n,
:,: Wo mir meine Todten einst aufersteh'n. :,:

23. Abendlied.

1. Wie könnt' ich ruhig schlafen in bunkler Nacht,
Wenn ich, o Gott und Vater, nicht dein gedacht?
Es hat des Tages Treiben mein Herz zerstreut;
bei dir, bei dir ist Frieden und Seligkeit.

2. O decke meine Mängel mit deiner Huld,
Du bist ja Gott, die Liebe und die Geduld!
Gib' mir, um was ich flehe: ein reines Herz,
Das dir voll Freuden diene im Glück und Schmerz.

3. Auch hilf, daß ich vergebe, wie du vergibst,
Und meinen Bruder liebe, wie du mich liebst:
So schlaf' ich ohne Sorgen in Frieden ein,
Und träume süß und stille und denke dein!

24. Abschied von der Heimath.

Mäßig. *Volksweise.*

1. Von meiner Heimath muß ich scheiden, wo's gar so lieblich war, so
   und meine Lieben muß ich meiden, muß in die weite Ferne
2. O Herz, o laß' nur jetzt dein Klagen, es kann ja doch nicht anders
   wirst wieder nach den traur'gen Tagen, der lieben Heimath dich er-

1. schön;
   geh'n,   La, la, la, la, la, la, la, la, la, la, la,
2. sein,
   freu'n,   La, la, la, la, la, la, la, la, la, la, la,

la, la, la, la, la, la, la, la, la, la, la, la.

25. Die Heimath.

Mäßig langsam. *Zöllner.*

1. In der Heimath ist es schön, auf der Berge lichten
2. „   „   „   „   „   „   wo die Lüfte sanfter
3. „   „   „   „   „   „   könnt' ich sie bald wieder

1. Höh'n, auf den schroffen Fel=sen=pfa=ben, auf der Flu=ren grü=nen
2. weh'n, wo in's Thal so sil=ber=hel=le, sich er=gießt die Fel=sen=
3. seh'n, um im Krei=se mei=ner Theu=ern froh das Wie=der=seh'n zu

1. Saa=ten, wo die Heer=ben weidend geh'n. In der Heimath ist es
2. Quel=le, wo der El=tern Häu=ser steh'n. „ „ „ „ „ „
3. fei=ern; bald werd' ich sie wie=der seh'n. „ „ „ „ „ „

1. schön, in der Hei=math ist es schön!
2. „ „ „ „ „ „ „
3. „ „ „ „ „ „ „

26. Das deutsche Lied.

Mäßig und kräftig.   Schulz.

1. Laßt das deut=sche Lied er=klin=gen durch den weiten Eichen=
2. „ „ „ „ „ „ „ „ an der Do=nau wie am
3. „ „ „ „ „ „ „ „ einfach, schön u. in=nig

1. wald, laßt von Berg zu Ber-ge   drin - gen deutscher Tö-ne All-ge-
2. Rhein! Auf daß al-le Mannen   rin - gen Va-ter-lan-des Hort zu
3. wahr! Daß sein Zauber mag um-schlin - gen Al-le, ei-ne Brü-der-

1. walt.   Auf, daß je-der füh-le   kräf-tig,   wie es
2. sein;   daß der Frei-heit und der Eh-re   je-der
3. schaar, daß es mag zum Kam-pfe   wer-ben   al-le

1. tief in's Herz ihm drang, auf, daß je-der werb' ge-schäf-tig bei des
2. o-pfert Gut und Blut; auf, daß Al-le steh'n zur Weh-re je-dem
3. Her-zen, je-de Hand; auf, daß Al-le schwö-ren: ster-ben für das

1. Lie-bes Donnerklang, bei des Lie-bes Donner-klang!
2. frev-len Ue-ber-muth, je-dem frev-len Ue-ber-muth!
3. frei-e Va-ter-land, für das frei-e Va-ter-land!

H. J. Trauenstein.

27. Andreas Hofer.

2. Die Hände auf dem Rücken
Andreas Hofer ging,
Mit ruhig festen Schritten,
Ihm schien der Tod gering,
Der Tod, den er so manches Mal
Vom Iselberg geschickt in's Thal,
:,: Im heil'gen Land Tyrol. :,:

3. Doch als aus Kerkergittern,
Im festen Mantua,
Die treuen Waffenbrüder
Die Händ' er strecken sah,
Da rief er' laut: Gott sei mit euch,
Mit dem verrath'nen deutschen Reich
:,: Und mit dem Land Tyrol. :,:

4. Dem Tambour will der Wirbel
Nicht unter'm Schlegel vor,
Als nun Andreas Hofer
Schritt durch das Kerkerthor,
Andreas, noch in Banden frei,
Dort stand er fest auf der Bastei
:,: Der Mann vom Land Tyrol. :,:

5. Dort soll er niederknieen,
Er sprach: das thu' ich nit!
Will sterben, wie ich stehe,
Will sterben, wie ich stritt.
So wie ich steh' auf dieser Schanz,
Es leb' mein guter Kaiser Franz,
:,: Mit ihm sein Land Tyrol! :,:

6. Und von der Hand die Binde
Nimmt ihm der Korporal:
Andreas Hofer betet
Allhier zum letzten Mal;
Dann ruft er: Nun so trefft mich recht!
Gebt Feuer! Ach, wie schießt ihr schlecht!
:,: Ade, mein Land Tyroll :,:

28. Abschied von der Heimath.

1. Thränen hab' ich viele, viele vergossen, daß ich
   Doch mein lieber Vater hat es beschlossen, aus der

1. scheiden muß von hier;
   Heimath wandern wir;

Heimath heute wandern wir, heut' auf
ewig von dir, d'rum a-de, so le-be-wohl, d'rum a-

2. Lebet wohl, ihr meine Rosen im Garten,
Und ihr meine Blümelein.
Darf euch jetzt nicht weiter pflegen und warten,
Denn es muß geschieden sein.
Liebe Blümlein, trauert mit mir,
Heut' scheid' ich von hier.
D'rum 2c.

3. Lebet wohl, ihr grünen, blumigen Felder,
Denn es muß geschieden sein.
Lebet wohl, ihr Büsche, Lauben und Wälder,
Wo ich kühlen Schatten fand.
Berg' und Thäler, stille A'um,
Werd' euch nimmer mehr schau'n.
D'rum 2c.

29. Jägerlied.

Lebhaft.

1. Im Wald und auf der Hai=de, da such' ich mei=ne Freu=be ich
2. Das Huhn im schnellen Fluge, die Schnepf' im Zic=zac=zu=ge treff'

1. bin ein Jä=gers=mann, ich bin ein Jä=gers=mann. Den
2. ich mit Si=cher=heit, treff' ich mit Si=cher=heit. Die

1. Wald und Forst zu he = gen, das Wildpret zu er = le = gen, das
2. Sau = en, Reh' und Hir = sche, er = leg' ich auf der Bür = sche, der

1. ist, was mir ge = fällt, das ist, was mir ge = fällt. Hal=
2. Fuchs läßt mir sein Kleid, der Fuchs läßt mir sein Kleid.

1. li, hal = lo, hal = li, hal=lo, das ist, was mir ge=fällt.
2. "   "   "   "   " der Fuchs läßt mir sein Kleid.

3. Kein Heller in der Tasche,
Ein Schlückchen aus der Flasche,
Ein Stückchen schwarzes Brod,
Den treuen Hund zur Seite,
Wenn ich den Wald durchstreife,
Dann hat es keine Noth.
Halli ꝛc.

4. Zur Erde hingestrecket,
Den Tisch mit Moos bedecket,
Wie reizend die Natur.
Brennt lustig meine Pfeife,
Wenn ich den Wald durchstreife
Auf Gottes freier Flur.
Halli ꝛc.

5. So zieh' ich durch die Wälder,
So eil' ich durch die Felder
Wohl hin den ganzen Tag,
Dann fliehen meine Stunden
Gleich flüchtigen Sekunden,
Eil' ich dem Walde nach!
Halli ꝛc.

6. Wenn sich die Sonne neiget,
Der düst're Nebel steiget,
Das Tagwerk ist gethan;
Dann kehr' ich von der Haide
Zur häuslich stillen Freude,
Ein froher Jägersmann!
Halli ꝛc.

[30] Zum Namensfeste.

Mäßig.

1. Es tö = net die Lau = te mit fröh = li = chem Klang, es
2. Das Lied, das zum Him=mel sich prei = send er = hebt für
3. Was al = les die Flu = ren auch Schö = nes ge = bracht, zu
4. Und fleh = en zu Got = tes er = ha = be = nem Thron, dir

1. schal = len die fest = li = chen Lie = der, es klin = get und
2. Got = tes all = gnä = di = ges Wal = ten, das Lied, das uns
3. Krän = zen des Fe = stes zu win = den, es hat uns ein
4. Se = gen und Glück zu be = rei = ten, der sorg = li = chen

1. rau = schet der hei = te = re Sang, es keh = ret der Won = ne = tag
2. in = nig = ster Lie = be ge = webt, die nim = mer für dich wird er=
3. Blümchen be = son = ders be = dacht, die Treu = e dir still zu ver=
4. Lie = be ver = gel = ten = den Lohn, wie Se = gen du suchst zu be=

1. wie = der, wo Theu = rer die Schu = le dich hier um=
2. kal = ten. Es tö = net dir Theu=rer, in froh = ster
3. kün = den: Ver = giß=mein=nicht hei = ßet dies Blu = me=
4. rei = ten: Gott seg = ne dein Wir=ken! so be = ten

1. ringt, voll freu = di = ger Rüh=rung den Glückwunsch bringt, voll
2. Luft, es fül = let mit hei = li = ger Wonn' die Brust, es
3. lein; wir den = ken in Lie = be stets, Be = ster, dein, wir
4. wir, so be = ten wir heu = te und für und für, so

1. freu = di = ger Rüh=rung den Glückwunsch bringt.
2. fül = let mit hei = li = ger Wonn' die Brust.
3. den = ken in Lie = be stets Be = ster dein!
4. be = ten wir heu = te und für und für.

B. Dreistimmige Lieder.

31. Das Gebet des Herrn.

1. Du Gott, an den ich glau=be, ich knie vor dir im Stau=be, du hast nur Gu=tes mir ge=than, dich be=te ich als Va=ter an.
2. Du Hei=lig=ster von al=len, laß dir mein Lob ge=fal=len, o wär' zu dei=nem Lob und Ruhm die gan=ze Welt ein Hei=lig=thum.
3. Dein Reich voll Licht und Klar=heit, voll Lie=be und voll Wahr=heit, laß kom=men von des Him=mels Höh'n und mach' die Er=de gut und schön!
4. Dein Wil=le, Herr, ge=sche=he! Was Gott nicht will, ver=ge=he, ja, das Er=schaff'=ne ü=ber=all sei sei=nes Schö=pfers Wie=der=hall.

5. Sind groß auch meine Schulden,
Herr, nimm mich auf in Hulden,
Auch ich will brüderlich verzeih'n,
Mich nie dem Zorn, der Rache weih'n.

6. Den Lilien, die nicht spinnen,
Den Vögeln, die nicht sinnen,
Gibst du, o Herr! ihr täglich Brod,
Laß mich auch leiden keine Noth!

7. Laß nie im Reiz der Sünde,
Laß nie im Irrgewinde
Der süßen Lust mich untergeh'n,
Herr, lehr' mich immer auf dich seh'n.

8. Und mögst du uns erlösen
Vom ew'gen Fluch des Bösen!
Der Erde Uebel wären klein,
Wär sie einmal von Sünden rein.

32. Die braven Schüler.

1. In der Schu-le still ge-schäf-tig, acht-sam,
2. Auf der Stra-ße ein-ge-zo-gen, an-dern
3. Und zu Hau-se oh-ne En-de sei-en

1. flei-ßig, gei-stes-kräf-tig, und in Al-lem wahr und rein,
2. Schü-lern wohl-ge-wo-gen, höf-lich ge-gen Groß und Klein
3. re-ge Geist und Hän-de; folgsam, fried-lich, sitt-sam, fein

33. Des Kindes Engel.

34. Morgenlied.

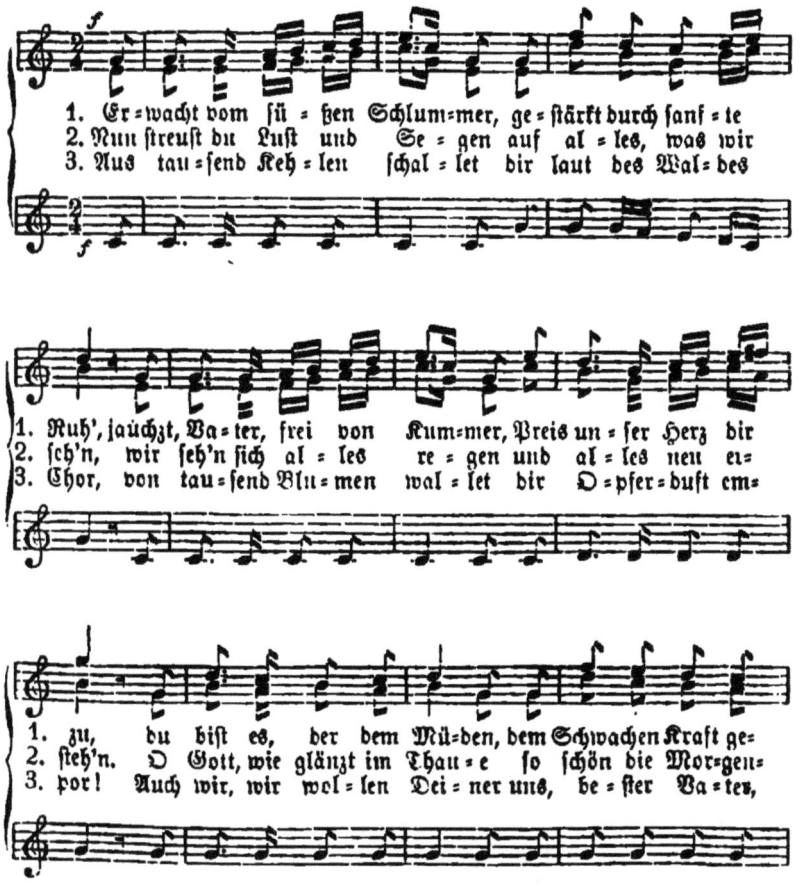

1. schenkt, du sprachest: schlaft in Frieden, er = wachet neu = ge=
2. Flur, die Welt, so weit ich schau = e, zeigt dei=ner Gü = te
3. freu'n, nein, fühl=los kann ja Kei = ner bei dei=ner Gü = te

1. stärkt, er=wacht, er = wa = chet, er = wa=chet neu = ge=stärkt!
2. Spur, zeigt dein, zeigt bei = ner, zeigt bei = ner Gü = te Spur.
3. sein, bei dein, bei bei = ner, bei bei = ner Gü = te sein.

35. Jugendfreuden.

Heiter.   Baluff.

1. Nichts geht mir doch ü = ber das Le=ben der Ju=gend mit
2. Im hei=tern ge = sel = li = gen Krei=se ver=kürzt man die
3. Die won=ni = ge Zeit recht zu nü=tzen für's Le = ben, das

1. froh, mein ju=gend=lich Le=ben, das freu=et mich so.
2. lacht, dann wird stets auch wie=der an's Ler=nen gedacht.
3. Blick auf mei=ne durchwan=der=te Ju=gend zu=rück.

1—3. La,

la, la, la, la, la, la, la, la, la, la, la, la.

36. Abendlied.

Lebhaft. **Aurnhammer.**

1. Son=ne mit ei=len=den Flü=geln len=kest den
2. Herrschend im Blu=men=ge=bie=te we=het er=

39. Lobgesang.

fen = bet uns Trost und Hül = fe den Ar = men, der un = fer

Herr und Hei = land ift. Von Anfang.

40. Die Kapelle.

Mäßig.   Baluff.

1. Dro=ben ſte=het die Ka=pel=le, ſchau=et ſtill in's Thal hin=
2. Traurig tönt das Glöcklein nie=der, ſchau=er=lich der Lei=chen=
3. Droben bringt man ſie zu Gra=be, die ſich freu=ten in dem

41. In der Fremde

42. Das Schifflein.

43. Das Schäfchen.

44. Alpenlied.

1. Auf Bergen ist's so lieblich, wo Alpenrosen blüh'n, wo auf den grünen Matten die Heerden läutend ziehn, die Heerden läutend zieh'n. La, la, la, la, la,
2. Wenn roth im Morgenlichte die eis'gen Gletscher glüh'n, da hört man auf der Flöte die schönsten Melodien, die schönsten Melodien.

la, la, la, la, la, so ruft der Hirt vom Berg in's Thal, la, la,

la, la, la, la, la, la, la, la, so tönt der Wie=der=hall.

45. Ich laß dich nicht.

Mäßig. G. Henne.

1. Ich laß dich nicht, du seg=nest, Herr, mich hier zu bei=nen
2. „   „   „   „   wenn du auch, Herr, in Angst mich müßtest
3. „   „   „   „   mein Gott und Herr, wer soll denn sonst hier

1. du mich haft ge=feg= =net!
2. wollst dich mein er=bar= =men!
3. kann al=lein hier hel= =fen!

46. Frühlingslust.

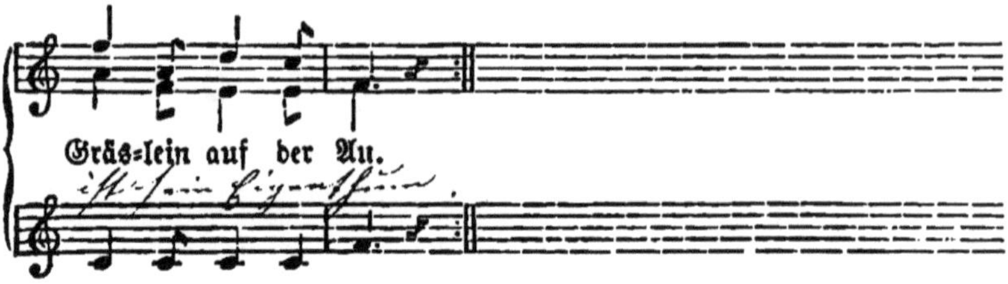
Gräs-lein auf der Au.

47. Adventslied.

Langsam. G. Henne.

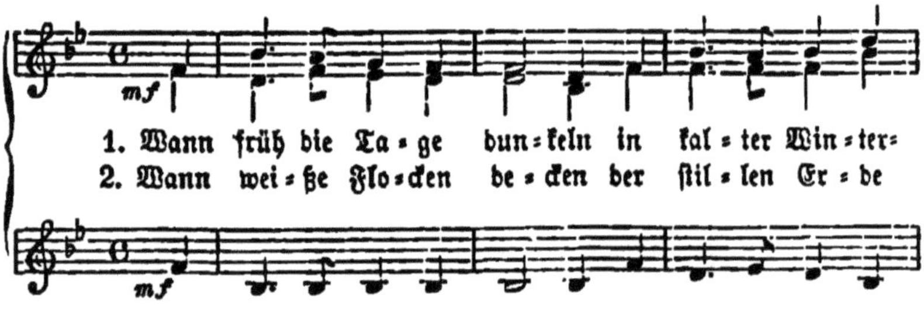
mf
1. Wann früh die Ta-ge dun-keln in kal-ter Win-ter-
2. Wann wei-ße Flo-cken de-cken der stil-len Er-de
mf

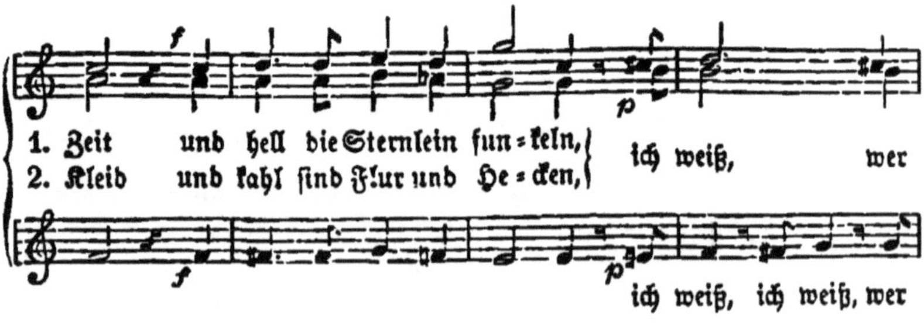
f
p
1. Zeit und hell die Sternlein fun-keln,
2. Kleid und kahl sind Flur und He-cken,
ich weiß, wer
f
p
ich weiß, ich weiß, wer

3. Wann Kindlein harrend stehen
Auf Erden weit und breit
Und auf zum Himmel sehen,
:,: Ich weiß, wer dann nicht weit. :,:

4. Wann fromme Herzen singen:
Auf, Zion, sei bereit!
Advent die Glocken klingen,
:,: Ich weiß, wer dann nicht weit. :,:

✗ 48. Das Haidenröslein.

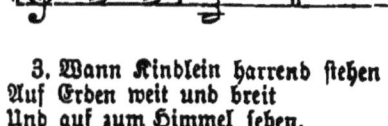

Junig.   Werner.

1. Sah ein Knab' ein Rös=lein steh'n, Rös=lein auf der
2. Kna=be sprach: ich bre=che dich, Rös=lein auf der
3. Und der wil=de Kna=be brach's Rös=lein auf der

49. Die Lorelei.

50. An die Glocke.

1. zu der Kir=che geht! Glo=cke, du klingst hei=lig,
2. daß es Bet=zeit sei. Glo=cke, du klingst trau=rig,

1. wenn am Sonntags=mor=gen ob' der A=cker steht!
2. ru=fest du: das bitt'=re Schei=den ist vor=bei!

3. (Solo) Sprich, wie kannst du klagen? wie kannst du dich freuen?
Bist ein todt Metall! Aber unsre Leiden,
Aber unsre Freuden, die verstehst du all'!

4. Gott hat wunderbares, was wir nicht begreifen,
Glock' in dich gelegt! Muß das Herz versinken:
Du nur kannst ihm helfen, wenn's der Sturm bewegt.

51. Schäfers Sonntagslied.

Feierlich.   Nach Kreutzer.

Das ist der Tag des Herrn! Das ist der Tag des

52. Kehr' heim!

1. Wo=hin, o mü=der Wand=rer du? Kehr'
2. Kehr' heim mit dei=ner wun=den Seel' zum
3. Kehr' heim mit dei=nem Heim=weh=schmerz in

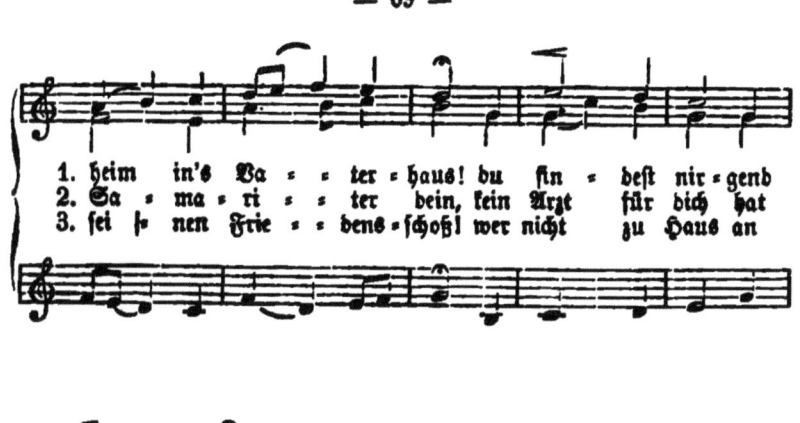

53. Zu Weihnachten.

Freudig.

1. Wie oft man ihn auch fin-get ben al-ten Weihnachts-
2. Das Herz, es schlägt ge-schwin-der, das Au-ge leuch-tet
3. D'rum möcht' ich im-mer sin-gen das lie-be Weihnachts-

1. sang, doch im-mer neu er-klin-get, klin-get mit
2. auf, und al-les Leib wird lin-ber, lin-ber und
3. lieb, bis einst ein anb'-res Klin-gen, Klin-gen mir

1. sei-nem Him-mels-klang.
2. neu be-ginnt der Lauf.
3. burch bie See-le zieht.

55. Abschied vom Walde.

56. Ermunterung.

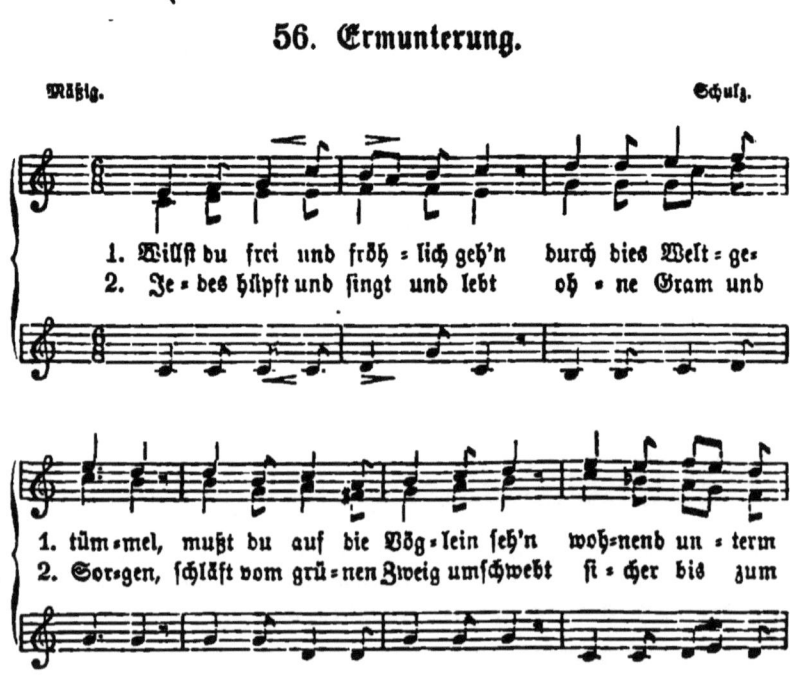

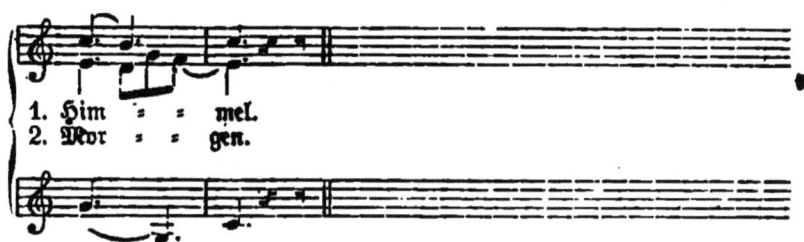

1. Him = = mel.
2. Mor = = gen.

3. Jedes nimmt ohn' arge List,
Was ihm Gott beschieden,
Mit der kleinsten Gabe ist
Jedes gern zufrieden.

4. Wie die Vöglein haben wir
Einen Vater droben:
Laßt uns dankbar für und für
Lieben ihn und loben.

57. Abendglöcklein.

Mäßig.

1. Seht, wie die Son-ne dort sin-ket hin-ter dem nächt-li-chen Wald! Glöcklein schon Ru-he uns win-ket: hört nur wie

2. Hört ihr das Blöcken der Lämmer? Seht, wie die Lüfte schon weh'n!
Muthig, es fängt an zu dämmern, lasset zur Hütte uns geh'n!
Trauliches Glöcklein 2c.

3. Dörfchen, o sei uns willkommen! Heut ist die Arbeit vollbracht;
Bald von den Sternen umschwommen nahet die feiernde Nacht.
Trauliches Glöcklein 2c.

An's Vaterland.

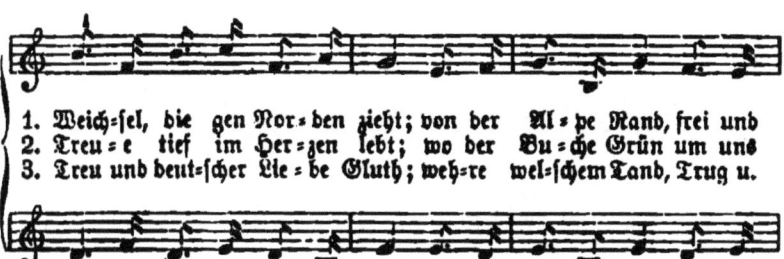
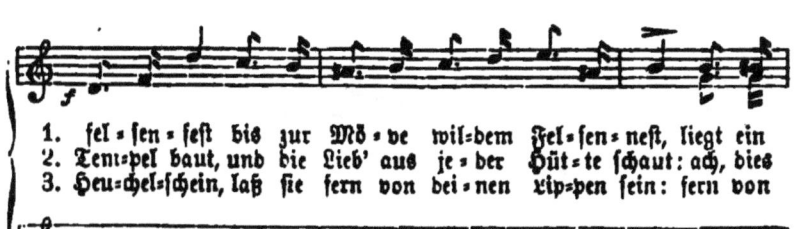

59. Morgenlied im Freien.

C. M. v. Weber.

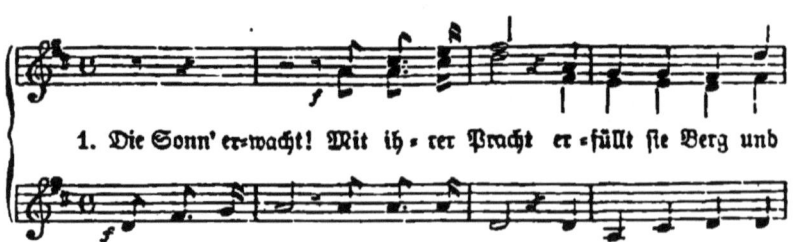

Thal! O Morgenluft, o Waldesduft, o goldner Sonnenstrahl!

2. Natur, Natur!
Wie ist die Spur,
Die du uns zeigst, so schön.
Im Wiesenthal und überall,
Im Feld, auf Bergeshöh'n!

3. Natur, Natur!
Auf deiner Spur
Und an der Freundschaft Hand,
So folgen wir, vereinigt dir
In's beff're Vaterland!

60. Abendlied.

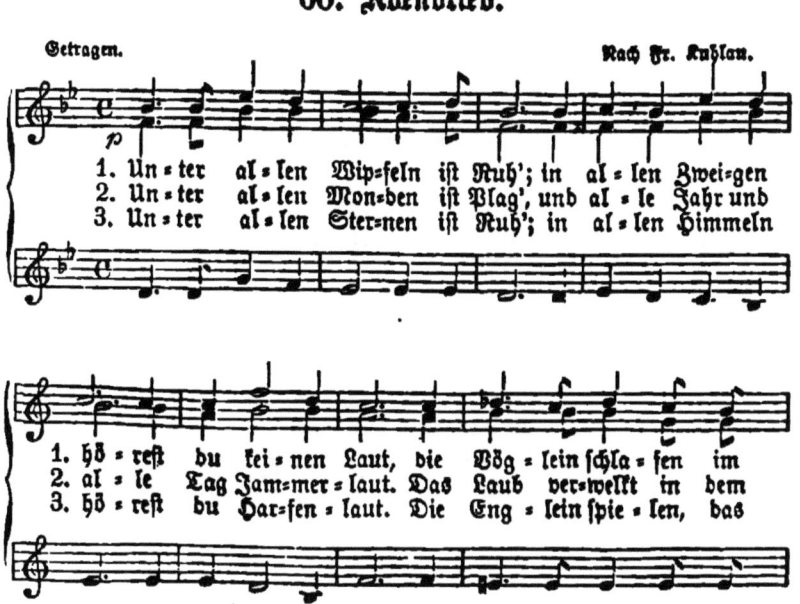

Getragen.   Nach Fr. Kuhlau.

1. Unter allen Wipfeln ist Ruh'; in allen Zweigen
2. Unter allen Monden ist Plag', und alle Jahr und
3. Unter allen Sternen ist Ruh'; in allen Himmeln

1. hörest du keinen Laut, die Vöglein schlafen im
2. alle Tag Jammerlaut. Das Laub verwelkt in dem
3. hörest du Harfenlaut. Die Englein spielen, das

C. Vierstimmige Lieder.

61. Am Morgen.

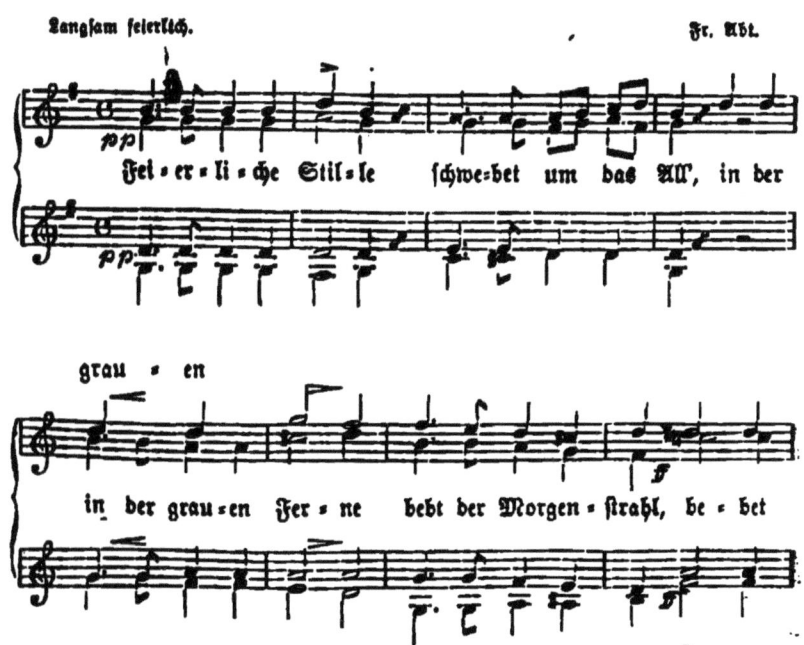

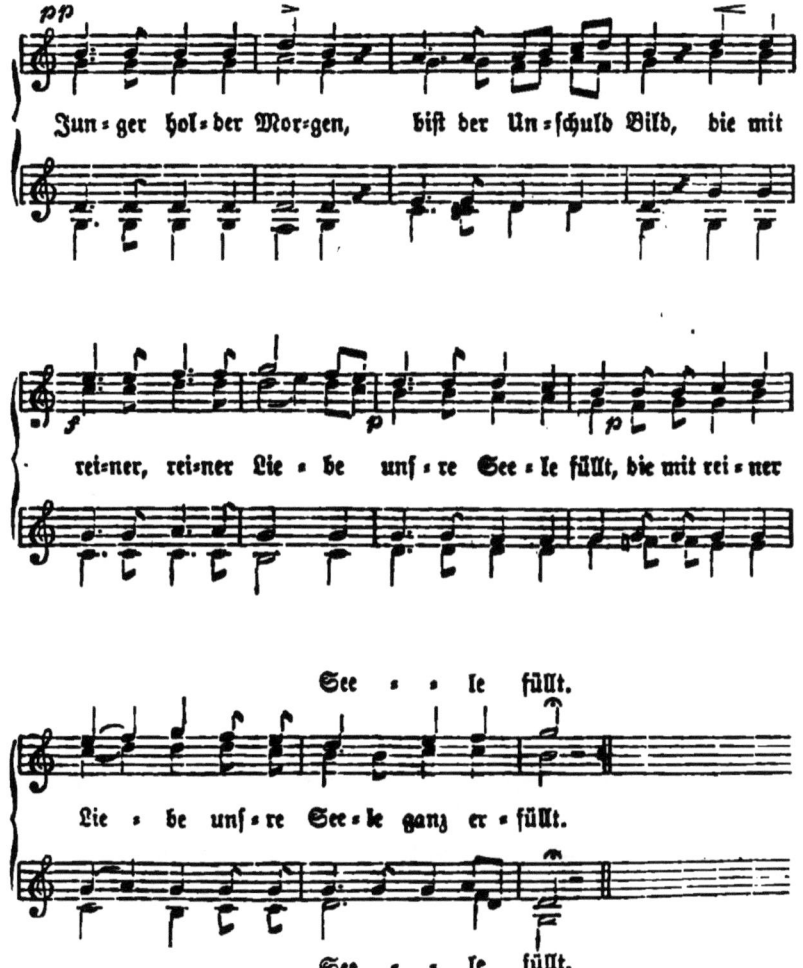

1. ba, ein Gruß aus der Hei=mat ist ba!
2. „ „ „ „ „ „ „

3. Laß oft noch klingen des Posthorns Klang, trara,
So lieblich die einsame Flur entlang, trara,
Ach, weinen würde mein ganzes Herz
Vor tiefstem Leide und höchstem Schmerz,
Trara ꝛc.
:,: Wär' nicht mehr ein Gruß mir da! :,:

4. Doch laß auch schallen noch dann dein Lied, trara,
Wenn Vater und Mütterlein von mir schied, trara,
Dann soll mir sagen der liebliche Ton,
O treuer, fröhlicher Postillon,
Trara ꝛc.
:,: Ein Gruß von oben ist da! :,:

64. Liebe zu Jesu.

Ruhig gehend.

1. Ich will dich lie=ben mei=ne Stär=ke, ich will dich

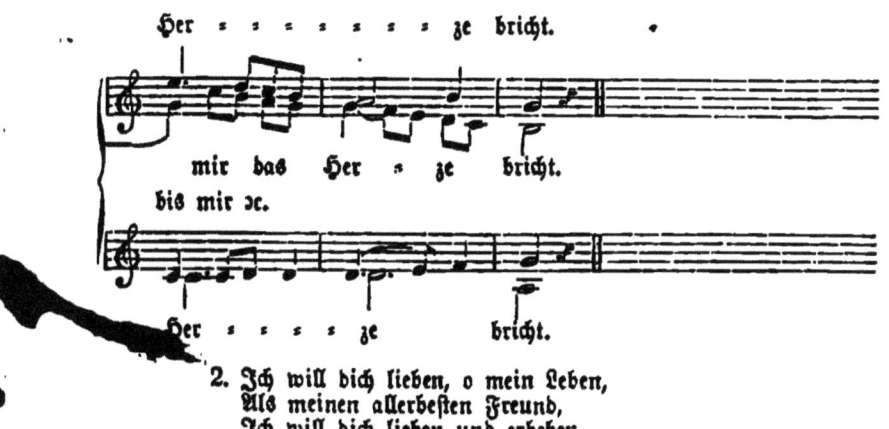

2. Ich will dich lieben, o mein Leben,
Als meinen allerbesten Freund,
Ich will dich lieben und erheben,
So lange mich dein Glanz bescheint.
Ich will dich lieben, Gottes Lamm,
Als meinen Bräutigam.

3. Ach, daß ich dich so spät erkennet,
Du hochgelobte Schönheit du!
Und dich nicht eher mein genennet,
Du höchstes Gut und wahre Ruh!
Es ist mir leid ich bin betrübt,
Daß ich so spät geliebt.

2. Ich lief verirrt und war verblendet,
Ich suchte dich und fand dich nicht;
Ich hatte mich von dir gewendet
Und liebte das geschaffne Licht;
Nun aber ist's durch dich gescheh'n
Daß ich dich hab' ersehn.

5. Ich danke dir, du wahre Sonne,
Daß mir dein Glanz hat Licht gebracht;
Ich danke dir, du Himmelswonne,
Daß du mich froh und frei gemacht;
Ich danke dir, du güldner Mund,
Daß du mich machst gesund.

65. Auf Deutschlands Wohl.

1. Heil, Deutschland, Heil!
2. treu, brav und mild!
3. dem Va = ter = land!

66. Gebet.

2. Sanfte Kindesliebe zieht uns zu dir hin;
Heiligt unf're Triebe, bessert unsern Sinn.

3. Reiner Unschuld Freuden sind uns zugewandt;
Auch der Erde Leiden wendet deine Hand.

67. In der Waldkapelle.

Geb. v. Kurnhamer.
Comp. v. Brandt.

Mäßig.

1. Va-ter! steh' mit wun-den Fü-ßen, steh' ich hier vor bei-nem Thron; und die hei-ßen Thrä-nen flie-ßen,
2. Hei-le doch die mü-den Glie-der, gie-ße Bal-sam mir in's Herz; und von dan-nen zieh' ich wie-der,
3. Den-ken will ich oft und ger-ne, dei-ner, o du stil-ler Ort; dan-ken noch in wei-ter Fer-ne

68. Ich suche dich.

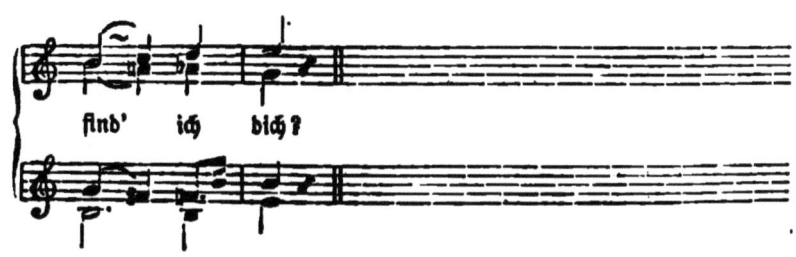

2. :,: Ich suche dich, :,:
O Unergründlicher!
In unermeß'nen Fernen.
Da strahlt dein Thron, von jenen Sternen
Umwehst du mich mit Frühlingshauch,
Und duftest mir vom Blüthenstrauch: du Herrlichster, du Herrlichster
Wo find' ich dich.

3. :,: Bist du ein Traum? :,:
O Unbegreiflicher!
Woher die Sternenheere?
Dies Blumenland? die Früchte? Meere?
Der Mensch, dein Bild, voll Geist, Verstand?
Es sind die Werke deiner Hand, Allschaffender, Allschaffender!
Du bist kein Traum!

— 96 —

69. Danklied.

Druck von J. H. Geiger in Lahr